まちごとインド

West India 011 Maharashtra
はじめてのマハラシュトラ
ムンバイ・エローラ・アジャンタ
महाराष्ट्र

Asia City Guide P

【白地図】西インド主要都市

INDIA
西インド

【白地図】ムンバイ中心部

INDIA
西インド

【白地図】フォート地区

INDIA
西インド

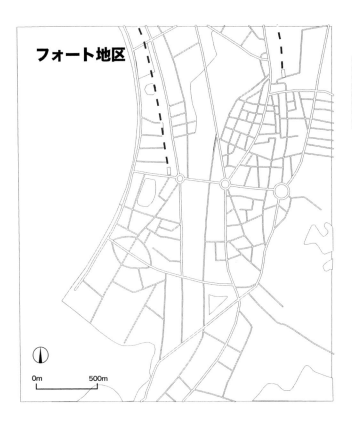

フォート地区

【白地図】マラータデカン主要都市

INDIA
西インド

【白地図】アウランガバード

INDIA
西インド

【白地図】エローラ

INDIA
西インド

エローラ

Maharashtra 白地図

0m 200m

【白地図】エローラ第 16 窟カイラサナータ寺院

INDIA
西インド

エローラ第16窟
カイラサナータ寺院

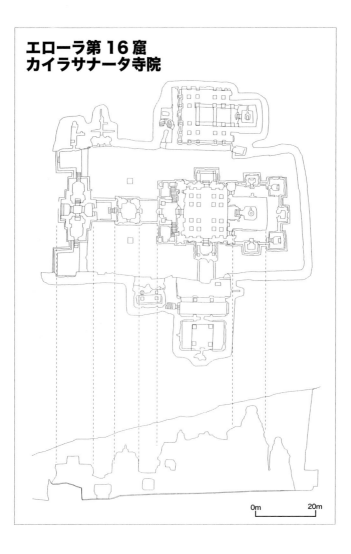

【白地図】アジャンタ

INDIA
西インド

【白地図】アジャンタ第1窟

INDIA
西インド

アジャンタ第1窟

0m　10m

Maharashtra

白地図

INDIA
西インド

【まちごとインド】
西インド 011 はじめてのマハラシュトラ
西インド 012 ムンバイ
西インド 013 プネー
西インド 014 アウランガバード
西インド 015 エローラ
西インド 016 アジャンタ
西インド 021 はじめてのグジャラート
西インド 022 アーメダバード
西インド 023 ヴァドダラー（チャンパネール）
西インド 024 ブジ（カッチ地方）

西インドの海岸部からデカン高原にかけて広がるマハラシュトラ州。マハラシュトラとは「大いなる国土」を意味し、北インドと南インド、アラビア海とデカン高原という異なる世界の結節点となってきた。ここではマラーティー語を母語とするひとつの文化圏が構成されている。

マハラシュトラ州の州都ムンバイは、西インド最大の都市として知られ、この国の金融、商業の中心地となっている。一方、西ガーツ山脈以東のデカン高原では気候、風土がまるで異なり、そこではエローラ、アジャンタをはじめとする遺

はじめての
マハラシュトラ Maharashtra
महाराष्ट्र

跡が点在する。

　また17世紀、この地域でヒンドゥー教徒のシヴァジーが台頭してマラータ王国を樹立し、イスラム勢力の支配に抵抗したという歴史をもつ。そのことからシヴァジーは民族運動の先駆的存在と見られ、その後もマハラシュトラはイギリスからの独立運動の舞台となってきた。現在、インド屈指の経済都市ムンバイを中心に、広大な面積と豊富な労働力を抱えるこの州へ、各国企業の進出が見られる。

【まちごとインド】
西インド011 はじめてのマハラシュトラ

目次

はじめてのマハラシュトラ	xx
西インド大いなる国土	xxvi
ムンバイ	xxx
ムンバイ城市案内	xxxii
マラータ・デカン	lii
アウランガバード城市案内	lviii
エローラ鑑賞案内	lxiii
アジャンタ鑑賞案内	lxxvi
マラータの大地訪ねて	lxxxiv

【MEMO】

【地図】西インド主要都市

INDIA
西インド

西インド
大いなる

国土

海岸部から山岳部まで
広大な面積をほこるマハラシュトラ州
この地にはマラータの人々が暮らす

マハラシュトラの地理

西インドの海岸部からデカン高原の横たわるインド中部まで広がるマハラシュトラ州。アラビア海と西ガート山脈にはさまれた南北に伸びるコンカン地方は、北はダマンからムンバイをへてゴアにまで達する。またこの州の大部分をしめるのがデカン高原の丘陵地帯で、ヒンドゥー教の聖地ナーシクやエローラ、アジャンタなどの石窟が位置する。マハラシュトラ州を東西に流れるゴーダーヴァリー川は聖なる川として信仰対象になっている。

Maharashtra 西インド 大いなる国土

▲左 インド有数の人口、市場規模をもつマハラシュトラ。　▲右 エローラとアジャンタ、ふたつの世界遺産石窟群も抱える

マラータとは

1960年の言語州再編を受けて、マラーティー語を母語とする人々が分布する地域で構成されたマハラシュトラ州。この地方で使われるマラータという言葉は、広義にはこのマラーティー語を母語とする人々をさす。一方、狭義にはクシャトリア階級とされるマラータ・カーストをさし（17世紀の英雄シヴァジーが代表的）、農民クンビー、職人集団などもマラータを自称する。また農民クンビーの上層部がマラータ・カーストとして分離したという背景から、マラータ・カーストとクンビーのあいだでも通婚が見られる（インドでは異な

西インド

▲左 街を歩けばガネーシャ神の姿をよく見かける。 ▲右 世界遺産にも指定されているムンバイのCST駅

るカーストとは通婚関係がないのが一般的だとされてきた)。

街を彩るガネーシャ神

象頭のガネーシャ神は、商売の神様と知られ、ムンバイはじめ西インドで広く信仰されている。もともと西インド一帯の家族神だったが、やがてシヴァ神とパールヴァティー女神の子どもと見られるようになった。祭りガネーシャ・チャトゥルティーでは巨大なガネーシャ神の像がつくられ、音楽や踊りとともに人々が行進して祝われる(19世紀、ヒンドゥー教徒の団結をうながすためにはじまった)。

INDIA
西インド

【ムンバイ】

ムンバイとボンベイ／

フォート地区／インド門／

タージマハル・ホテル／

プリンス・オブ・ウェールズ博物館／

チャトラパティ・シヴァジー・ターミナス駅（CST駅）／

オールド・ムンバイ／ボリウッド映画／

マリン・ドライブ／マラバー・ヒル／

マニ・バワン／

ヴィクトリア・アンド・アルバート博物館／

ハッジ・アリー廟／ドービー・ガート／

エレファンタ石窟群

アラビア海にのぞむ西インド最大の都市ムンバイは、政治や外交の中心地デリーに対して、財閥や企業が本拠を構える商業都市として知られる。それらはムンバイの半島南端部に集中するが、グレーター・ムンバイは東の対岸や北方にも広がり、インド最大の街となっている。

このムンバイは16世紀まで漁村がたたずむ島嶼地帯に過ぎなかったが、大航海時代にこの地を訪れた西欧人の植民都市として街の歴史がはじまった。イギリス東インド会社の優遇政策のもと、仕事と機会を求めて、グジャラート商人やゾ

ムンバイ
Mumbai

ロアスター教徒のパルシーなどインド各地から移住してきた人々によって街は急速に発展していった。

こうしたところから、ムンバイはコスモポリタンの性格を強くもち、異なる言語、民族、宗教を背景とする人々が一堂にかいしている。また1947年の独立まで200年以上もイギリスの植民都市であったことから、ムンバイ中心のフォート地区ではイギリスのヴィクトリア建築が美しい景観を見せている。

Guide, Mumbai
ムンバイ
城市案内

INDIA
西インド

「歴史的ムンバイ」こと半島南端部のフォート地区
その北側につくられたインド人居住区
街は半島南端から北へ東へ拡大を続けている

ムンバイとボンベイ

16世紀にポルトガル人が来航する以前、この地には漁村がたたずみ、漁師たちはムンバデーヴィー女神を信仰していた（この女神がムンバイの地名の由来となっている）。1534年、ポルトガル人アルメイダが新たに獲得した領地を「美しい湾（ボンバイア）」と名づけ、そこから長いあいだこの街はボンベイと呼ばれていた。1981年になって、マラーティー語によるもともとの地名ムンバイへ改称されて現在にいたる。ムンバイと同様に植民都市として発展してきたカルカッタはコルカタ、マドラスはチェンナイへと現地音に戻されている。

▲左 ヨーロッパの植民都市としてムンバイは発展してきた。　▲右 今ではインド有数の経済都市という顔をもつ

フォート地区 Fort Area ［★★☆］

フォート地区は、企業の本社や株式取引所などの金融機関が集中するムンバイの中心地。フォートという名前はイギリス東インド会社の商館と、それを守る城塞（フォート）が構えられていたことに由来する。中心のフタトマ・チョウクにはフローラの泉があり、CST駅、中央郵便局、西側には高等裁判所、ムンバイ大学などイギリス植民地時代に建てられたヴィクトリア様式の建築がならぶ。

【地図】ムンバイ中心部

【地図】ムンバイ中心部の [★★★]
- [ ] インド門 Gateway of India
- [ ] チャトラパティ・シヴァジー・ターミナス駅（CST 駅） Chhatrapati Shivaji Terminus

【地図】ムンバイ中心部の [★★☆]
- [ ] フォート地区 Fort Area
- [ ] マニ・バワン Mani Bhavan
- [ ] ハッジ・アリー廟 Haji Ali Dargah
- [ ] ドービー・ガート Dhobi Ghat

【地図】ムンバイ中心部の [★☆☆]
- [ ] オールド・ムンバイ Old Mumbai
- [ ] マラバー・ヒル Malabar Hill
- [ ] ヴィクトリア・アンド・アルバート博物館 Victoria and Albert Museum

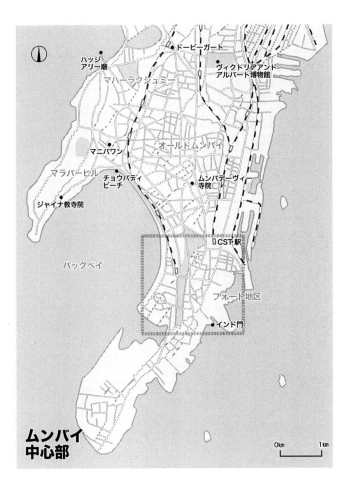

【地図】フォート地区

【地図】フォート地区の [★★★]
- [ ] インド門 Gateway of India
- [ ] チャトラパティ・シヴァジー・ターミナス駅（CST 駅）Chhatrapati Shivaji Terminus

【地図】フォート地区の [★★☆]
- [ ] フォート地区 Fort Area
- [ ] タージマハル・ホテル Taj Mahal Hotel
- [ ] マリン・ドライブ Marin Drive

【地図】フォート地区の [★☆☆]
- [ ] プリンス・オブ・ウェールズ博物館 Prince of Wales Museum

INDIA
西インド

インド門 Gateway of India [★★★]

海にのぞむように立つ高さ26 mのインド門。玄武岩がもちいられた堅牢なこの記念碑は、1911年のイギリスのジョージ5世とメアリ王妃の来印を記念して建てられた。当時、スエズ運河が開通し、ヨーロッパとインドを結ぶ海路が短縮され、ムンバイはインドへの玄関の役割を果たすようになっていた。また広場にはマハラシュトラ州の英雄シヴァジーの像が立っている。

▲左　埠頭に立つインド門、堂々としたたたずまい。　▲右　世界でも指折りのタージマハル・ホテル

タージマハル・ホテル Taj Mahal Hotel ［★★☆］

インド門近くに立つインドを代表するタージマハル・ホテル。イギリス植民地時代、インド人は高級ホテルへの宿泊を認められていなかったことから、1903年、ジャムシェドシー・タタ（ゾロアスター教徒で、タタ財閥の創始者）によって、インド人が宿泊できるように創立された。西洋とインドの様式を融合させたインド・サラセン様式の建物となっている。

INDIA
西インド

プリンス・オブ・ウェールズ博物館 Prince of Wales Museum [★☆☆]

プリンス・オブ・ウェールズ博物館は西インド最大の博物館で、エレファンタ島から出土した遺品、ガンダーラ彫刻などが展示されている。建物は1937年に建てられたもので、1911年、ムンバイを訪れたジョージ5世の皇太子時代の名前プリンス・オブ・ウェールズにちなむ。

チャトラパティ・シヴァジー・ターミナス駅（CST駅）Chhatrapati Shivaji Terminus [★★★]

19世紀末、イギリス植民時代に建てられたチャトラパティ・

▲左　さまざまな展示品が見られるプリンス・オブ・ウェールズ博物館。
▲右　駅が世界遺産、チャトラパティ・シヴァジー・ターミナス駅（CST駅）

シヴァジー・ターミナス駅（ヴィクトリア・ターミナス駅）。インドでは1850年代には鉄道が敷設され、ムンバイはデカン高原の綿花の集積地となっていた。イギリスの産業革命は綿業の工業化からはじまり、新たな運輸手段となった鉄道は産業革命を象徴するものであったことから、イギリスヴィクトリア朝時代の栄光を伝える建築となっている。長らくヴィクトリア・ターミナス（VT）駅と呼ばれていたが、1996年にチャトラパティ・シヴァジー・ターミナス（CST）駅に改称され、2004年に世界遺産に登録された。

Maharashtra　ムンバイ城市案内

▲左　ヒンドゥー教の神々、本を売る露店で。　▲右　オールド・ムンバイのにぎわい、人が行き交う

オールド・ムンバイ Old Mumbai［★★☆］

フォート地区の北側に広がるインド人居住区オールド・ムンバイ。ムンバイ黎明期からインド人商人や港湾労働者が暮らしてきたところで、16世紀以前からこの地で信仰されてきたムンバデーヴィー女神がまつられたムンバデーヴィー寺院、野菜や雑貨をあつかうマハトマ・ジョーティバ・プレー市場(クロフォード市場)、多くの人でにぎわうジャヴェリー・バザールなどが位置する。

INDIA
西インド

ボリウッド映画

世界最大の映画大国インドにあって、ムンバイはボリウッド映画(ハリウッドとムンバイの旧名ボンベイをもじった)の中心地。イギリスの影響もあってムンバイではいち早く映画づくりがはじまり、歌や踊りを交えたエンターテイメント性の高い映画が製作されている。ボリウッド映画ではヒンディー語がもちいられているが、そのほかにもベンガル語、タミル語、テルグ語などによる映画がインド各地で上映されている。

西インド

マリン・ドライブ Marin Drive［★★☆］

ムンバイ南端部の西側、アラビア海に面して走るマリン・ドライブ。イギリス植民地時代に建てられた住宅がならび、「女王のネックレス」と呼ばれる景色が続く。ムンバイ最大の祭りガネーシャ・フェスティバルのとき、チョウパティ・ビーチにガネーシャ像が沈められる。

マラバー・ヒル Malabar Hill［★☆☆］

イギリス統治時代に高級住宅街として整備されたマラバー・ヒル。各国領事館や企業がならび、ハンギング・ガーデン（空

▲左 南アフリカからムンバイに降り立ったガンジー。 ▲右 美しい景色が続くマリン・ドライブ

中庭園)やムンバイの街を一望できるカムラ・ネルー公園といった緑豊かな公園があるほか、ジャイナ教寺院やゾロアスター教徒が鳥葬を行なう沈黙の塔が位置する。

マニ・バワン Mani Bhavan ［★★☆］

グジャラートに生まれ、インド独立運動に尽力したガンジーがムンバイ滞在時に起居したマニ・バワン(珠玉館)。ガンジーが活躍した19世紀末から20世紀初頭にかけて、ムンバイは紡績業の中心地となっていて、ガンジーはこの場所から「綿を自ら紡ぐ」「外国製品のボイコット」といった運動を展開した。現在は、

INDIA
西インド

ガンジーゆかりの品々が展示される博物館となっている。

ヴィクトリア・アンド・アルバート博物館
Victoria and Albert Museum [★☆☆]

イギリスの植民都市として発展してきたムンバイの文化や歴史が紹介されたヴィクトリア・アンド・アルバート博物館。近くには動物園もある。

▲左 ハッジ・アリー廟とそこへ向かう人々。 ▲右 ドービーはたんたんと仕事を続ける

ハッジ・アリー廟 Haji Ali Dargah ［★★☆］

アラビア海に浮かぶように立つハッジ・アリー廟。イスラム聖者がまつられていて、潮がひくと廟への道が現れる。

ドービー・ガート Dhobi Ghat ［★★☆］

ドービーとは洗濯人カーストの呼称で、ここではドービーが集住して暮らし、洗濯に勤しむ様子がある。衣服やタオルを洗うドービーと洗濯物をここへ運ぶ人々が見られる。

INDIA
西インド

エレファンタ石窟群 Elephanta Caves ［★★★］

ムンバイ東10kmの海上に浮かぶエレファンタ島。8〜9世紀ごろに開削された7つの石窟が残り、世界遺産に指定されている。これらの石窟群のなかでとくに第1窟には、祠堂と壁面を彩る豊富な彫刻が残っている。石窟奥には、高さ5.5mの巨大なシヴァ三面胸像が彫り出され、ヒンドゥー美術の傑作とされる。正面がシヴァ神、向かって左がシヴァ神の化身バイラヴァ神、右がシヴァ神の妻ウマー女神となっている。エレファンタという名前は、16世紀、船着場に象の石像があったことからポルトガル人に名づけられた。

INDIA
西インド

【マラータデカン】

アウランガバード /

ビビ・カ・マクバラ廟 /

ダウラターバード / クルダバード /

エローラ / 仏教窟（1 ～ 12 窟）/

ヒンドゥー教窟（13 ～ 29 窟）/

第 16 窟カイラサナータ寺院 /

ジャイナ教窟（30 ～ 34 窟）/

グリシュネーシュヴァル寺院 /

アジャンタ / アジャンタ石窟 /

アジャンタ壁画 / アジャンタ第 1 窟

マラーティー語を母語とする人々が暮らすマハラシュトラ州はインド西海岸部からデカン高原北西の丘陵へ広がっている。このなかで西ガーツ山脈からデカン高原へ続く地域には、エローラやアジャンタといったインドを代表する石窟群が残ることで知られる。

マハラシュトラ州に石窟が多く刻まれているのは、豊富な石材とがあったことと、アラビア海を越えて西方との交易が行なわれ、北インドの大都市へ続く街道が走っていたことによる。仏教の保護者商人は、交易で莫大な富を得て、その一

Maratha Deccan
マラータ・デカン

部を寄進することで石窟寺院が開削された。

　また北インドと南インドを結ぶ地理にあるところから、この地では南北双方から文化的影響を受け、エローラのカイラサナータ寺院は南方型ヒンドゥー寺院となっている。ムンバイから北東350kmに位置するアウランガバードが、世界遺産に指定されているエローラ、アジャンタへの起点になる。

【地図】マラータデカン主要都市の [★★★]
- [ ] エローラ Ellora
- [ ] アジャンタ Ajanta

【地図】マラータデカン主要都市の [★★☆]
- [ ] アウランガバード Aurangabad

【地図】マラータデカン主要都市の [★☆☆]
- [ ] ダウラターバード Daulatabad
- [ ] クルダバード Khuldabad(Rauza)

マラータデカン 主要都市

【地図】アウランガバード

【地図】アウランガバードの [★★☆]
- [ ] アウランガバード Aurangabad
- [ ] ビビ・カ・マクバラ廟 Bibi ka maqbara

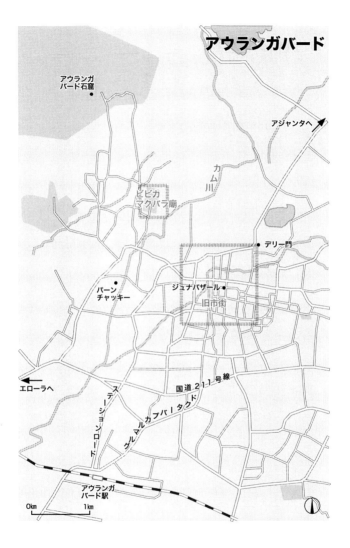

Guide, Aurangabad
アウランガバード
城市案内

INDIA
西インド

インド古代美術の宝庫アジャンタ
岩山から掘り出されたエローラのカイラサナータ寺院
インドを代表する世界遺産への足がかりになる

アウランガバード Aurangabad [★★☆]

アジャンタとエローラへの起点となるのが、この地方の商工業の中心都市アウランガバード。アウランガバード近郊の地は、古くは紀元前1〜3世紀のサータヴァーハナ朝の都がおかれたパイタナ、12世紀以来、ヒンドゥー王朝とデリーのイスラム王朝の拠点がおかれたダウラターバードなどが位置することから、交通、戦略上の要衝として知られていた。その後、アウランガバードは17世紀になってデカン・イスラム王朝のマリク・アンベルによって築かれた。ムガル帝国第6代アウラングゼーブ帝が皇太子時代にこの街に派遣され、

また即位後、ここに拠点を構えたことからアウラングゼーブ帝ゆかりの街として知られる。

ビビ・カ・マクバラ廟 Bibi ka maqbara［★★☆］
アウランガバード市街の北に位置するビビ・カ・マクバラ廟。ムガル帝国第6代アウラングゼーブ帝の第一王妃ラビア・ダウラーニが眠る墓廟で、1661年、タージ・マハルを模して建てられたことから「デカンのタージ・マハル」と言われる。当時、ムガル帝国は斜陽を迎えていたため、その完成度はおとったものとなっている。

ダウラターバード Daulatabad [★☆☆]

アウランガバード西13kmにある中世以来の要塞ダウラターバード。自然の岩山をもちいて造営され、12世紀にはヤーダヴァ朝の都がおかれ、その後、インドへ侵入したイスラム王朝の拠点が構えられていた。なかでもトゥグルク朝のスルタン・ムハンマドが1338年、首都デリーの人々をここに強制移住させ、遷都しようとした試みが知られる(すぐにデリーへ戻された)。

▲左 デカンのタージ・マハルことビビ・カ・マクバラ廟。 ▲右 一度はデリーからここに遷都が試みられた、ダウラターバード

クルダバード Khuldabad(Rauza) [★☆☆]

ムガル帝国第6代アウラングゼーブ帝の墓が残るクルダバード。皇帝は熱心なスンニ派イスラム教徒として知られ、第2代フマユーン帝や第5代シャー・ジャハーン帝のものと違って、ドームのない質素なつくりになっている。

Guide, Ellora
エローラ鑑賞案内

デカン高原の岩肌に刻まれた石窟群
仏教、ヒンドゥー教、ジャイナ教の
石窟が一堂に会する

エローラ Ellora ［★★★］

アウランガバード北西30kmに位置するエローラには、6～10世紀にかけて開削された仏教、ヒンドゥー教、ジャイナ教の石窟群が残る。インドを代表する3つの宗教がならぶ格好の例とされ、異なる宗教に対して寛容なインド的性格がしめされている。これらの石窟群は世界遺産に指定されていて、なかでも第16窟カイラサナータ寺院は、ヒンドゥー美術の最高傑作にあげられる。

INDIA
西インド

▲左 ストゥーパに仏像が彫り出された仏教窟の第10窟。　▲右 生命力に満ちたヒンドゥー教窟

仏教窟（1〜12窟）Buddhist Caves ［★☆☆］

エローラ石窟群の最南端に残る仏教窟。7〜8世紀に造営されたもので、仏教の性格をしめすように内部は装飾が少なく、静謐な空間となっている。仏教窟には僧侶が起居する僧院（ヴィハーラ）窟とブッダの遺灰がおさめられたストゥーパをまつる祠堂（チャイティヤ）窟からなり、エローラでは10窟が祠堂窟となっている。この10窟ではストゥーパの前面に仏像が彫り出されている。

【MEMO】

【地図】エローラ

【地図】エローラの [★★★]
- [ ] エローラ Ellora
- [ ] 第16窟カイラサナータ寺院 Kailasanatha

【地図】エローラの [★★☆]
- [ ] ヒンドゥー教窟（13〜29窟）Hindu Caves

【地図】エローラの [★☆☆]
- [ ] 仏教窟（1〜12窟）Buddhist Caves
- [ ] ジャイナ教窟（30〜34窟）Jaina Caves
- [ ] グリシュネーシュヴァル寺院 Grishneshwar Mandir

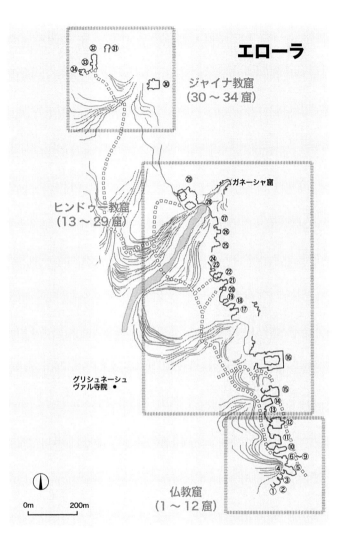

▲左 岩山の上部から下部へと彫り抜かれていった。　▲右 ヒンドゥー美術の最高傑作、第16窟カイラサナータ寺院

ヒンドゥー教窟（13〜29窟）Hindu Caves［★★☆］

エローラ第13〜29窟がヒンドゥー教窟となっていて、7〜9世紀にかけて造営された。各石窟には「踊るシヴァ神」「シヴァ神とパールヴァティー女神の結婚」「カイラサ山をゆさぶるラーヴァナ」など躍動感ある彫刻が壁面に彫られている。なかでも14、15、16、21、29窟はインド美術を代表する石窟寺院として知られ、シヴァ神そのものと見られるリンガ（男性器）がまつられている。

【MEMO】

【地図】エローラ第16窟カイラサナータ寺院の [★★★]
□ 第16窟カイラサナータ寺院 Kailasanatha

エローラ第16窟
カイラサナータ寺院

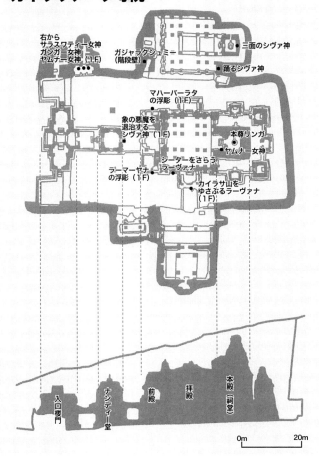

INDIA
西インド

第16窟カイラサナータ寺院 Kailasanatha ［★★★］

第16窟カイラサナータ寺院は、ラーシュトラクータ朝（8〜9世紀ごろ、デカン地方を支配していた）のクリシュナ1世の命で120年の月日をかけて造営された。石を積むのではなく、彫刻のように岩山をうえから掘り出した様式となっている。幅46m、奥行き85m、本堂の高さは32mになり、シカラ、壁面、柱におびただしい量の神々や神話の場面が見られる。このピラミッド式のシカラは、南インド型寺院のもので、その影響が指摘される。

▲左 インド人観光客も多く訪れる。　▲右　ジャイナ教の祖師が彫り出されている

ジャイナ教窟（30〜34窟）Jaina Caves ［★☆☆］

エローラ石窟群のなかでもっとも北側に位置するジャイナ教窟。仏教窟やヒンドゥー教窟に遅れた8〜10世紀ごろに造営され、ジャイナ教の祖師がまつられている。石窟のプランはヒンドゥー窟の影響を受けているが、裸体の彫像が見えるのはジャイナ教の無所有の思想による。

INDIA
西インド

グリシュネーシュヴァル寺院
Grishneshwar Mandir [★☆☆]

エローラ石窟群から西1kmに位置するグリシュネーシュヴァル寺院。この本堂にまつられたリンガは、インド中に12ある「光輝のリンガ」のひとつで多くの巡礼者を集めている。

Guide, Ajanta
アジャンタ鑑賞案内

INDIA
西インド

アウランガバードから北東に100km
古代インドの仏教美術を今に伝える
アジャンタの石窟群

アジャンタ Ajanta ［★★★］

馬蹄形に湾曲するワゴーラ川のほとりにうがたれた大小30の仏教石窟群が残るアジャンタ。紀元前1〜7世紀にかけて開削された石窟内の天井や壁面、柱は壁画や仏像で彩られ、古代インド美術を今に伝える宝庫となっている（とくに1、2、9、10、16、17、19、26窟が代表的な石窟）。仏教の衰退とともに長いあいだ放棄されていたが、19世紀になって偶然、虎刈りのために訪れたイギリス人によって「発見」され、1000年のときを超えて世界に紹介された。

▲左 第1窟の前でならぶ人々。 ▲右 ワゴーラ川に沿うようにして石窟が造営された

アジャンタ石窟

アジャンタの石窟寺院は、前期(紀元前1～2世紀)と後期(5～8世紀)に開削したものにわけられ、この地に石窟が彫られたのはアラビア海とガンジス河中流域を結ぶ街道沿いだったことによる。前期はサータヴァーハナ朝、後期はグプタ朝と婚姻関係のあったヴァーカタカ朝などの地方王朝のもと開削が進んだことが碑文などからわかっている。この石窟には僧侶が起居する僧院(ヴィハーラ)窟とストゥーパがまつられた祠堂(チャイティヤ)窟というふたつの種類が存在する。

【地図】アジャンタ

【地図】アジャンタの [★★★]
- [ ] アジャンタ Ajanta
- [ ] アジャンタ第1窟

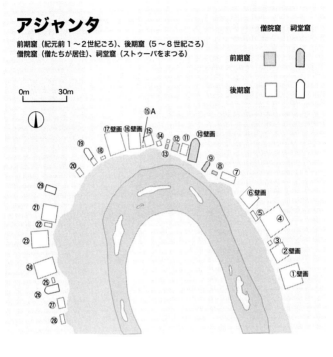

【地図】アジャンタ第1窟の [★★★]
- [ ] アジャンタ第1窟

INDIA
西インド

アジャンタ第1窟

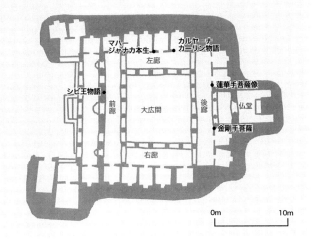

アジャンタ壁画

雨季と乾季を繰り返すインドの環境などから、古代インドの絵画は残っておらず、アジャンタのものがほとんど唯一の例となっている。この仏伝図やブッダの前世をあらわしたジャータカ物語が描かれていて、鉄火鉄、黄土、ラピスラズリなどが顔料として使われている。このアジャンタ壁画のなかでも、第1窟に残る蓮華手菩薩像は法隆寺金堂壁画に影響をあたえたと言われ、同じく第1窟の金剛手菩薩とともに古代インド絵画の代表作として知られる。

INDIA
西インド

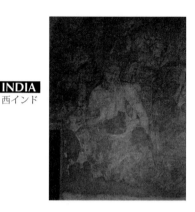 

▲左　法隆寺金堂壁画にもこの意匠が伝わっている。　▲右　完成度の高い19窟、ストゥーパに仏像が彫られている

アジャンタ第1窟［★★★］

アジャンタ石窟群のなかで壁面、天井、柱ともに、豊富な絵画、彫刻で彩られた第1窟。縦横20m弱の中央広間には20本の列柱が立ち、周囲には僧侶が生活する小さな部屋が配されている。

マラータの大地訪ねて

INDIA 西インド

仏教やヒンドゥー教の史跡が残るデカン高原
また海岸部のムンバイはインド最先端をゆく
多様な魅力をもつマハラシュトラの世界

マラーティー語とは

マハラシュトラ州で話されるマラーティー語では、ヒンディー語と同じデーヴァナーガリー文字が使われ、サンスクリット語の語彙を多く残しているという。この言葉は12世紀ごろから確立され、中世以来、豊富な文学が編まれるようになった（17世紀、シヴァジーに影響をあたえた宗教詩人ラームダースはマラーティー語で語り、ラーマ信仰を北インドに広めた）。インド独立後の1960年の言語州再編で、マラーティー語が話されている地域がマハラシュトラ州となった。

▲左　街で見かけた祠堂、信仰が息づく。　▲右　アジャンタを訪れた人々、石窟群には高低差がある

交錯する文化

マハラシュトラ州では古都プネーなどで見られるバラモン文化の伝統と、インド土着の地母神信仰など先住民の先アーリア文化が交錯している。とくにバラモン文化からは不可触民とされたマハールは、天然痘や悪疫が流行した際、地母神の怒りをおさめるための儀礼（ヒンドゥー教では大罪となる、牛を犠牲に捧げるといった）をにない、マハラシュトラの名称もマハールに由来するという説もあるという。バンダルプールにまつられているこの地方の土着神ヴィトーバ神がヴィシュヌ神の化身と考えられ、西インドの家族神であった

INDIA
西インド

ガネーシャ神がシヴァ神の息子と見られるなどして複雑な宗教体系がつくられるようになった。

マハラシュトラ・ナショナリズム

古代インドの黄金期にあげられるグプタ朝が衰退すると、北インドだけでなく各地の地方文化が台頭するようになった(9世紀以後)。マハラシュトラの地は北インドと南インドの境に位置することから、強い王権が生まれづらく、常に不安定な地域だったが、12世紀ごろからマハラシュトラという地域が確立されはじめた。とくに17世紀、ムガル帝国の第6

 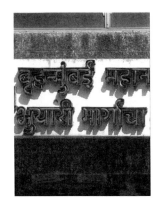

▲左　アンベード・カルにひきいられ、多くの人が仏教に改宗した。　▲右　マラーティー語とヒンディー語が併記されている

代アウラングゼーブ帝と戦ったシヴァジーのもと、「マハラシュトラ・ナショナリズム」という意識が見られるようになった。20世紀後半になってボンベイからムンバイへ改称されるなど、この州の駅や通りの名前はマラーティー語へ次々に変更された（ムンバイの富裕層はグジャラート人やパルシーが多く、マラータ人は低所得の労働者が多いといった側面も影響したという）。

新仏教徒の存在

マハラシュトラ州には、長い歴史のなかで不可触民とされて

INDIA
西インド

きたマハール（サンスクリット語で「大敵」を意味するマハーアリに由来する）と呼ばれる人々が多く暮らしていた。このマハール出身のアンベード・カルは法務大臣としてインド憲法を起草するなどガンジー、ネルーらとならんで活躍した人物として知られる。1956年、マハラシュトラ州のナーグプルで、アンベードカルを中心に30万人の人々が「身分制度を認めない」仏教へ集団改宗した。紀元前5世紀ごろ、インドで生まれた仏教はヒンドゥー教に吸収され、その伝統がついえていたことから、20世紀以降、仏教に改宗した人々は新仏教徒と呼ばれる。

Maharashtra

マラータの大地訪ねて

【MEMO】

INDIA
西インド

【MEMO】

【MEMO】

INDIA
西インド

【MEMO】

参考文献

『マハーラーシュトラ』(マハーラーシュトラ研究会)
『世界の歴史 27 自立へ向かうアジア』(長崎暢子 / 中央公論社)
『都市の顔インドの旅』(坂田貞二・臼田雅之・内藤雅雄・高橋孝信 / 春秋社)
『インド建築案内』(神谷武夫 /TOTO 出版)
『アジャンタ壁画』(高田修 / 日本放送出版協会)
『世界の聖域 7 アジャンター窟院』(柳宗玄・宮治昭 / 講談社)
『世界の大遺跡 8 インドの聖域』(樋口隆康編著 / 講談社)
『みづゑ ヒンドゥー教の美術エローラ』(石黒淳 / 美術出版社)
『エローラ石窟寺院』(佐藤宗太郎 / 佐鳥出版)
『世界大百科事典』(平凡社)
[PDF] ムンバイ近郊鉄道路線図 http://machigotopub.com/pdf/mumbairailway.pdf
[PDF] ムンバイ空港案内 http://machigotopub.com/pdf/mumbaiairport.pdf

まちごとパブリッシングの旅行ガイド

Machigoto INDIA , Machigoto ASIA , Machigoto CHINA

【北インド - まちごとインド】

001 はじめての北インド
002 はじめてのデリー
003 オールド・デリー
004 ニュー・デリー
005 南デリー
012 アーグラ
013 ファテープル・シークリー
014 バラナシ
015 サールナート
022 カージュラホ
032 アムリトサル

【西インド - まちごとインド】

001 はじめてのラジャスタン
002 ジャイプル
003 ジョードプル
004 ジャイサルメール
005 ウダイプル
006 アジメール（プシュカル）
007 ビカネール
008 シェカワティ
011 はじめてのマハラシュトラ
012 ムンバイ
013 プネー
014 アウランガバード
015 エローラ
016 アジャンタ
021 はじめてのグジャラート
022 アーメダバード
023 ヴァドダラー（チャンパネール）
024 ブジ（カッチ地方）

【東インド - まちごとインド】

002 コルカタ
012 ブッダガヤ

【南インド - まちごとインド】

001 はじめてのタミルナードゥ
002 チェンナイ
003 カーンチプラム
004 マハーバリプラム
005 タンジャヴール
006 クンバコナムとカーヴェリー・デルタ
007 ティルチラパッリ
008 マドゥライ
009 ラーメシュワラム
010 カニャークマリ
021 はじめてのケーララ
022 ティルヴァナンタプラム
023 バックウォーター（コッラム～アラップーザ）
024 コーチ（コーチン）
025 トリシュール

【ネパール - まちごとアジア】

001 はじめてのカトマンズ
002 カトマンズ
003 スワヤンブナート

004 パタン
005 バクタプル
006 ポカラ
007 ルンビニ
008 チトワン国立公園

【バングラデシュ - まちごとアジア】

001 はじめてのバングラデシュ
002 ダッカ
003 バゲルハット（クルナ）
004 シュンドルボン
005 プティア
006 モハスタン（ボグラ）
007 パハルプール

【パキスタン - まちごとアジア】

002 フンザ
003 ギルギット（KKH）
004 ラホール
005 ハラッパ
006 ムルタン

【イラン - まちごとアジア】

001 はじめてのイラン
002 テヘラン
003 イスファハン
004 シーラーズ
005 ペルセポリス
006 パサルガダエ（ナグシェ・ロスタム）
007 ヤズド
008 チョガ・ザンビル（アフヴァーズ）
009 タブリーズ

010 アルダビール

【北京 - まちごとチャイナ】

001 はじめての北京
002 故宮（天安門広場）
003 胡同と旧皇城
004 天壇と旧崇文区
005 瑠璃廠と旧宣武区
006 王府井と市街東部
007 北京動物園と市街西部
008 頤和園と西山
009 盧溝橋と周口店
010 万里の長城と明十三陵

【天津 - まちごとチャイナ】

001 はじめての天津
002 天津市街
003 浜海新区と市街南部
004 薊県と清東陵

【上海 - まちごとチャイナ】

001 はじめての上海
002 浦東新区
003 外灘と南京東路
004 淮海路と市街西部
005 虹口と市街北部
006 上海郊外（龍華・七宝・松江・嘉定）
007 水郷地帯（朱家角・周荘・同里・甪直）

【河北省 - まちごとチャイナ】

001 はじめての河北省
002 石家荘
003 秦皇島
004 承徳
005 張家口
006 保定
007 邯鄲

【江蘇省 - まちごとチャイナ】

001 はじめての江蘇省
002 はじめての蘇州
003 蘇州旧城
004 蘇州郊外と開発区
005 無錫
006 揚州
007 鎮江
008 はじめての南京
009 南京旧城
010 南京紫金山と下関
011 雨花台と南京郊外・開発区
012 徐州

【浙江省 - まちごとチャイナ】

001 はじめての浙江省
002 はじめての杭州
003 西湖と山林杭州
004 杭州旧城と開発区
005 紹興
006 はじめての寧波
007 寧波旧城
008 寧波郊外と開発区
009 普陀山
010 天台山
011 温州

【福建省 - まちごとチャイナ】

001 はじめての福建省
002 はじめての福州
003 福州旧城
004 福州郊外と開発区
005 武夷山
006 泉州
007 厦門
008 客家土楼

【広東省 - まちごとチャイナ】

001 はじめての広東省
002 はじめての広州
003 広州古城
004 天河と広州郊外
005 深圳（深セン）
006 東莞
007 開平（江門）
008 韶関
009 はじめての潮汕
010 潮州
011 汕頭

【遼寧省 - まちごとチャイナ】

001 はじめての遼寧省
002 はじめての大連
003 大連市街
004 旅順
005 金州新区

006 はじめての瀋陽
007 瀋陽故宮と旧市街
008 瀋陽駅と市街地
009 北陵と瀋陽郊外
010 撫順

【重慶 - まちごとチャイナ】

001 はじめての重慶
002 重慶市街
003 三峡下り（重慶〜宜昌）
004 大足

【香港 - まちごとチャイナ】

001 はじめての香港
002 中環と香港島北岸
003 上環と香港島南岸
004 尖沙咀と九龍市街
005 九龍城と九龍郊外
006 新界
007 ランタオ島と島嶼部

【マカオ - まちごとチャイナ】

001 はじめてのマカオ
002 セナド広場とマカオ中心部
003 媽閣廟とマカオ半島南部
004 東望洋山とマカオ半島北部
005 新口岸とタイパ・コロアン

【Juo-Mujin（電子書籍のみ）】

Juo-Mujin 香港縦横無尽
Juo-Mujin 北京縦横無尽
Juo-Mujin 上海縦横無尽

【自力旅游中国 Tabisuru CHINA】

001 バスに揺られて「自力で長城」
002 バスに揺られて「自力で石家荘」
003 バスに揺られて「自力で承徳」
004 船に揺られて「自力で普陀山」
005 バスに揺られて「自力で天台山」
006 バスに揺られて「自力で秦皇島」
007 バスに揺られて「自力で張家口」
008 バスに揺られて「自力で邯鄲」
009 バスに揺られて「自力で保定」
010 バスに揺られて「自力で清東陵」
011 バスに揺られて「自力で潮州」
012 バスに揺られて「自力で汕頭」
013 バスに揺られて「自力で温州」

【車輪はつばさ】
南インドのアイラヴァテシュワラ寺院には建築本体に車輪がついていて寺院に乗った神さまが人びとの想いを運ぶと言います。

- 本書はオンデマンド印刷で作成されています。
- 本書の内容に関するご意見、お問い合わせは、発行元のまちごとパブリッシング info@machigotopub.com までお願いします。

まちごとインド
西インド011はじめてのマハラシュトラ
～ムンバイ・エローラ・アジャンタ［モノクロノートブック版］

2017年11月14日　発行

著　者	「アジア城市（まち）案内」制作委員会
発行者	赤松　耕次
発行所	まちごとパブリッシング株式会社 〒181-0013　東京都三鷹市下連雀4-4-36 URL http://www.machigotopub.com/
発売元	株式会社デジタルパブリッシングサービス 〒162-0812　東京都新宿区西五軒町11-13 清水ビル3F
印刷・製本	株式会社デジタルパブリッシングサービス URL http://www.d-pub.co.jp/

MP022

ISBN978-4-86143-156-2 C0326　　　　Printed in Japan
本書の無断複製複写（コピー）は、著作権法上での例外を除き、禁じられています。